담쟁이 문장 文章

샘문시선 **1069**
한국문학상 수상 기념 시집
박주곤 감성시집

일찍이 백합 같은 친구
보혈 흘리신 은총처럼
붉은 여인을 경북에서는
유리라고도 불렀지
마음이 넓고 강직하여
이웃 다치랴 스스로 삼간다
〈나리꽃, 전문 인용〉

밤에도 마음은 낮처럼
발바닥에 침을 맞듯
걸으며 비우듯 채우는 보람
스스로 보살핌에
깊은 미소가 솟는다
〈맨발 걷기, 전문 인용〉

하늘의 선물
담을 수 있는
드높은 바람 가득
빈 그릇들 두둥실
채색 옷 걸쳐 입고
벽공으로 날아오른다
〈축제할 날에, 전문 인용〉

K-poetry

_____ 님께

_____ 년 ____ 월 ____ 일

_____ 드립니다.

도서출판 **샘문**

한국문학상 수상 기념 시집

담쟁이 문장 文章

박주곤 제3시집

참된 시어를 낚는 어부의 생

어른은 아이의 아버지이며 아이는 어른의 아버지라 한다. 서로 거울 작용으로 아이가 올바르게 자라고 어른이 성찰함으로 꽃피우고 결실인 열매를 맺음에 그 지성이 순리를 실행하고 순응하면 시의 부활이다.

자식을 부모 욕심대로 기르던 시절은 너무나 먼 옛날이야기가 된 시절에서 살아가고 있다. 세상이 양지와 음지가 조화를 이루어 생존하고 번성을 이어가듯, 환경을 보전하는 사람의 사람다움은 인간 사랑과 자연사랑이 내재 되어 존재하는 모든 사람은 자유와 평등을 누리고 살아갈 권리와 책임이 있다.

인류 문명은 정글의 법칙이 세월 속에 가속화되어 전쟁과 평화로 승자와 패자의 이분법적 원리에 종속된 삶이다. 적군과 아군의 적대적 관계에 묶여버린 생활로 굳어진 시절이다.

누가 이렇게 날카로운 대립각을 세웠나? 부리와 발톱 다듬는 시절에 조용한 아침의 나라에서 인류 평화의 정신이 깨어나는 것은 하늘 뜻이다. 조상들이 그토록 바라던 꿈일 것이다. 지구촌 80억 인구가 제각각 개성이 다른 것은, 결코 불행을 위한 탄생일 수 없다. 이는 대의적으로 보면 금방 해답을 알 수 있다.

이는 마치 동전 양면 같아서 유리한 면을 서로 인정하고 승부를 가르면 된다. 즉 인류가 하나로 돌아갈 수

여는 글

있는 공통 분모를 발견하면 된다. 공통 분모의 첫째는 공익의 철학이 모든 분야에서 기반이 되고 둘째는 개개인의 평안과 의식주 해결이 가정에서 지역으로 지역에서 사회, 국가로 마침내 전 세계가 대의를 두려움으로 지켜야 할 것이다.

장애인과 노약자는 국책에 의거 공동으로 보듬으며 사회생활 참여에 적극적으로 힘을 보태는 생활 문화가 정착해야 할 것이다. 그러므로 대의나 공의가 무너진 사회는 독재나 사회주의로 굳어지기 쉽다. 짐승보다 못한 생활로 추락하는 건 시간문제이다. 하여 문학인 한 사람, 어부 한 사람, 노동자 한 사람이 의롭게 살고자 마음먹는 빛 된 사람, 사람이 중요하다.

이는 마치 매머드급 철골 철근 구조물 빌딩을 세우는 것처럼 콘크리트 재료 즉, 시멘트, 모래, 자갈. 물의 분량을 잘 섞는 배합 비율이 잘 맞아떨어져야 성공적인 준공이 된다. 그러나 모래알이나 자갈 크기 하나하나가 사회 구성원 같아서 개개인이 자신의 분야마다 스스로 충실한 사명감을 실행하면 더 이상 바랄 게 없다.

악은 모든 모양이라도 버려야 하듯, 거짓말하지 않음이 자유 민주 시민의 첫 번째 조건이다. 구정물로 콘크리트 건축을 세울 수 없듯이 거짓말은 악의 뿌리이다. 사람들이 성경이나 경전을 받들어 의지하는 건, 인류가 자유 평화 유지의 지혜를 배워 땅에서 자아를 발견하고 그 지성을 실현하는 보람을 느끼게 한다. 진정한 기쁨이 무엇인가를 알게 한다.

앞서 별나라로 떠난 아내와 아들을 생각한다. 두 별이 남편을 아빠를 지켜보는 눈동자처럼 빛난다. 더 맑게 거울 닦는 남편, 자아실현의 아버지 되어 시대의 시인으로 살아갈 것이다. 낮달을 보며 별을 보며 작은 일부터 충실한 빛 된 삶을 다짐한다.

　하늘과 땅 사이 참된 시어를 낚는 어부가 많을수록 평화의 깃발은 끊임없이 펄럭일 것이다. 더불어 시를 즐기는 서로 향유층이 되어 즐거운 생애 되시기를 기원합니다. 하나의 빛을 이루어 우주, 질서, 조화의 코스모스가 반기는 가을 길 함께 걸었으면 합니다.

　끝으로 샘문그룹 (주)한국문학에서 공모하는 한국문학상 공모전 시부문에서 최우수상에 필자를 선정해주신 이정록 교수님, 회장님과 이근배 심사위원장님, 손해일, 김소엽 부심사위원장님께 감사에 말씀드립니다.

　(사)문학그룹샘문과 샘문학, 샘문뉴스에서 공모한 신춘문예 샘문학상을 선정해주신 것도 고맙다는 말씀드리며, 본 제3시집을 출간할 수 있도록 수고하신 (사)도서출판샘문(샘문시선) 출판부 관계자분들과 감수를 해주신 이정록 교수님께도 거듭 감사를 드립니다.

　그리고 저의 사랑하는 가족들과 친구와 지인분들과 문우님들께도 고맙다는 말씀을 이 지면을 빌어 드립니다. 감사합니다.

2025. 09. 22.

가을의 문턱에서 시인 박주곤 드립니다.

샘문시선 1069

한국문학상 수상 기념 시집

담쟁이 문장文章

박주곤 제3시집

참된 시어를 낚는 어부의 생 / 4

제1부 : 마라톤 인생

가덕도의 새벽 / 12
가을 나그네 / 13
금계국과 개망초 / 14
금붕어 연못 / 15
까마중 / 16
눈 내린 겨울 / 17
다람쥐의 꿈 / 18
수탁의 넋두리 / 19
담쟁이 열매 / 20
담쟁이 문장文章 / 21
담쟁이 탐방 / 22
담쟁이 알고리즘 / 23
때죽나무 / 24
마라톤 인생 / 25
돌산 / 26
맨발 걷기 / 27
맨홀 뚜껑 / 28
물고기 떼죽음 / 29
물까치 소리 / 30
토끼와 행운 초 / 31
개펄의 새벽 / 32

제2부 : 홀로 핀 연꽃

노랑망태버섯 / 34
홀로 핀 연꽃 / 35
노랑선씀바귀 / 36
때 늦은 매화 / 37
해당화 / 38
노란 장미 / 39
붉은 장미의 기원 / 40
붉은 장미 / 41
유월의 장미 / 42
능소화 / 43
나리꽃 / 44
붓꽃 1 / 45
붓꽃 2 / 46
붓꽃 3 / 47
붓꽃 4 / 48
붓꽃 5 / 49
붓꽃 6 / 50
수선화 / 51
산딸나무꽃 / 52
산천 봄 마중 / 53
살구 / 54
상추쌈 형제 우애 / 55
해당화 부부 / 56
수국 빈 가슴 / 57
큰 금계국 / 58
야생화 천일홍 / 59
솔방울 솔바람 사명 / 60

제3부 : 실상과 허상 차이

서구문화회관 앞에서 / 62
서울메트로 / 63
사닥다리 / 64
미로 찾기 / 65
석곡 / 66
소나기 / 67
송도 비둘기 / 68
실상과 허상 사이 / 69
아들과 아비의 이별 / 70
아버지 / 71
어느 명인의 민낯 / 72
어성초 / 73
엄마 손, 정향 / 74
여명黎明 / 75
연어 / 76
오로라 / 77
오월의 억새풀 / 78
호명호수 / 79
유월에 쏘는 햇살 / 80
일월정 이야기 / 81
자귀나무 / 82
버들피리 / 83
벌매의 사명 / 84

제4부 : 태양의 바람개비

월드컵 축구 / 86
월미체전 / 87
유리문 / 88
우편물 주인 / 89
심야 장맛비 소리 / 90
장맛비 개울 길 / 91
장맛비 땅 꺼짐 / 92
전자레인지 / 93
죽녹원 예찬 / 94
흑임자죽 / 95
선지해장국 / 96
찢긴 솔가지 / 97
철동轍童 오는 길 / 98
상어 / 99
청라 국제도시의 밤비 / 100
축제할 날에 / 101
춤추는 소나무 / 102
태양의 바람개비 / 103
팥죽 한 그릇 / 104
학교 인테리어 공사 / 105
해넘이 인사 / 106
해넘이 카펫 / 107
당직실 노크 / 108
한마음 체육대회 / 109

제 1 부

마라톤 인생

가덕도의 새벽

팔 형제 중 셋째 형 내외가
천성동 텃밭에 여생을 가꾸고
사는 주변 둘레길 다지기와 산행으로
세월을 늘려나간다

가슴은 책장에 묻어둔 채 새벽 산행이다
귀갓길에 물에 비친 빛살을 수평선에 매단 채
강둑이 시작되는 대동 월당 나루터는
고향의 낙동강 해돋이 눈부심이
가덕도 앞바다에서 되살아난다

형님의 회초리에 자라던 어릴 적 아픔,
그 껍질을 깨고 우주로 나온 아픈 존재가
세월이 묵으니 정겨운 향수를 느낀다.

해안을 일깨우는 사진 한 장,
풍경에 비친 빈 가슴이
여전히 참살이 이랑을 가꾸고 있다

가을 나그네

너와 나의 꿈은 드높은 철새
머리 둘 곳 찾는 유랑 길
이제는 풀어야 할 날
포근히 앉힐 이야기가 있네

금계국과 개망초

계곡에서 산야에서 쏘는 햇살과
하얗게 시름하는 민초들
마음이 낯선 광장에 시위 현장,

천하가 따로 노는 시절
새벽 알리는 금닭이 통곡한다

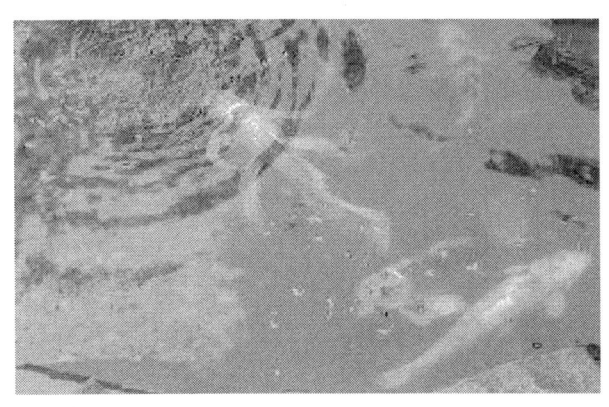

금붕어 연못

송도 YJ 학교,
칠월 더위 녹이는 수련장이다
서로 입맞춤 인사
한마을 농악 놀이 즐기는
햇살 물비늘 아래서
세월의 리듬 따라
고독한 기쁨을
자유와 평화로 푼다

까마중

어릴 적 고향 언덕
흑진주 짙어지면
먼저 본 아이가 따 먹던
비탈진 골목 길섶

함께 뛰놀던 자야 희야는
지금 어디서 자손 건강 살피시는지

인자한 얼굴 흑진주처럼
곱게도 익어가겠지

눈 내린 겨울

겨울 가지 끝

빨간 열매 매달고
아이스크림 바른 홍시

알알이
목화처럼 포근하다.

다람쥐의 꿈

산마다 참나무 울창한 사연
대대로 이은 도토리 꿈 메아리친다

해마다 가을걷이는
미래의 푸른 숲 만들기 발 벗고 나서
땀 흘림도 잊고 흙에 묻는 곳간

한 구덩이에서
단 한 알만 꺼내 먹기로

대대로 그 언약 지킨 까닭에 가을 산행길
묵사발 넉넉한 향기 발목을 잡네

수탉의 넋두리

한 눈 감고 만난 우리 안에서
여보 내 손주들 잘 길러주오

여보 수평선같이 먼 길 달려온 날에
아침마다 하늘 우러러
메조소프라노 한 곡조 뽑으니 행복하오

황혼의 하늘이 남편인 나 먼저 부른다 해도
우리 사이 떠날 순서는
가위바위보 삼세번에 정하기로 하세나

담쟁이 열매

귀 열린 새사람 기다리며
끝내 잊힐 수 없어
청롱한 푸른 등 알알이 켜고
추수 때 기다리다

속 타는 어버이 기원
까맣게 익어간다네
알알이 자식 생각에

담쟁이 문장文章

예부터 서당에서
돌담 타고
거물 인물 짜기 삶이다

정보 네트워크
쉬 다가올 줄 알고
학교마다 벽 타기 수업이다

시월엔 책장 넘기는 손길마다
격려하는 열정 하나로
담장에 문장을 새기며 하늘을 오른다

담쟁이 탐방

시월 문수암 돌담
넘을 듯 앉아
수도승을 들여다본다

누가 얼만 큼
해와 달 바람 행적을 새기나
이파리마다 살피는 눈길로

비우면 새털같이 가벼운
바람 같은 날
제 별로 빛날 때이다

담쟁이 알고리즘

던져진 그물
푸른 언어 가득 매달고

얼키설키 엮여서
하나의 손길로

서로 붙들고 앞길에
허브를 깔아 가고 있다

때죽나무

계절 여왕이 거니는 이길
아카시아 피는 유월 열흘 앞두고
떼 지어 피는 순결의 함성

망설일 것 없이 임 오시던 이 길
아직도 짝사랑 여린 가슴 하나
다소곳이 매달린 하얀 꽃잎

밤이 쉬 오는 까닭에
등불 예비하는 슬기로운 신부가 되길
순결 하나로 당부하고 있다

섣부른 더위가 밀치고 들어와
창포물에 머리 감고
해맑은 계절을 예찬해 봐요

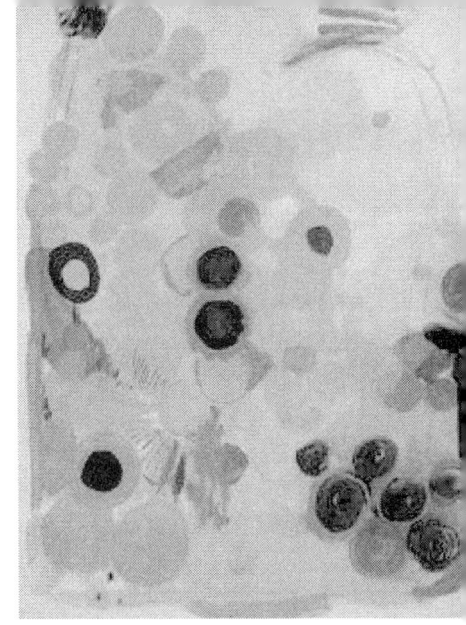

마라톤 인생
- Turning point

태극기 굽이굽이 땅 하늘 만남에
어버이 기다리는 품속으로

아이처럼 돌아가는 하룻길에서
만남과 이별이 그 얼마이더냐

행운의 빛
숨찬 변곡점을 달린다

돌산

천 년을 휘돌아 감아 돈

비바람 설한풍에도 입을 다문

크고 작은 자리 지킴이

다가오는 새천년에 기쁨이다

맨발 걷기

밤에도 마음은 낮처럼

발바닥에 침을 맞듯

걸으며 비우듯 채우는 보람

스스로 보살핌에

깊은 미소가 솟는다

맨홀 뚜껑

무거운 바퀴에
무참히 밟혀 구겨진 삶이다

더 낮은 자리
보호하려 낮게 앉았다

거들먹대는
무게로 함부로 밟지 말라

한번 구겨진 가슴은
오랜 상처로 남는다

낮은 자리서
높은 힘을 모를 리 없다

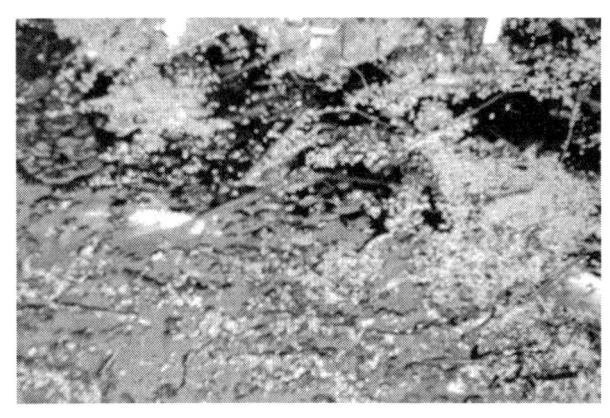

물고기 떼죽음

강물 바닷물이 끓는 날

빙산 갈라져 내리듯
물려받은 그릇 금이 간다

자유 평화의 그릇
백자 청자에 뇌성이 친다

.

물까치 소리
- 김제 휴게소 희락정

말씀이 솟아나는 시절
정자나무 유월 맞이 희락정엔

어버이께서 자녀들 불러
가정마다 결실하는 지혜를 알린다

아이가 시소를 즐기듯
숲은 샘처럼 새소리 낙원이다

에덴의 물까치 삶은
갈 한 가슴마다 단비를 적신다

가지엔 성령의 열매
사랑으로 영그는 시절 울림이다

토끼와 행운 초

세 잎 클로버
낮게 더 낮게
꽃망울은 새하얀 낮별

강둑에 토끼풀
한 소쿠리 베어
골고루 맛있게 아삭아삭

맛있는 행운초
예부터 드높이 보름달에
떡방앗간 차리고
어둠 밝히는 거울이리

개펄의 새벽

빛을 찾아오는 바람길 따라

썰물 환영식 길을 열고
잃은 양 찾아오는 발걸음 소리

어버이 기다림은 그 얼마이더냐
게거품 뽀글뽀글 들릴 듯 말 듯

귀순 용사 환영식 같은 새벽

제 2 부

홀로 핀 연꽃

노랑망태버섯

나의 나 됨이
여기 검게 타버린 갓을 쓴 채
흐르는 바람결 기대어 조심조심

외길 수련의 망토 입었다
육에 속한 성질머릴랑 태워
바람결에 씻는 삶이다

세속의 잔머리 다 비우려
검정 갓 어디든지 쓰고 다녀요
중심엔 하얀 망대

청빈 선비로만 살아가는 길
절제로 짜인 망사 벗지 못할 예복이다

홀로 핀 연꽃

학문의 금자탑도 수련 따라
참 지성은 주인다운 삶이 아닐까?

대공원 연못 한적한 가부좌
구정물 침침한 개펄에 뿌리내려
구별 없이 정화하는
해맑은 예복을 입은 품격이여라

꽃은 흠과 티 없는
수련의 얼굴 골고루 나눔이여라

만물이 하늘 뜻대로
온전한 연합 하나를 이루는 곳으로

흐르는 자아 성찰,
동그란 받침에 핀 자아실현이여라

노랑선씀바귀

서해 연안 신도시 우뚝
청라지구엔 새 정부 향한

복합 생태공원 갈새 갈대숲
파도타기 신바람
국회를 응원하는 춤사위로

대통령 당선 새 정부에
언행일치 하나 기대를 모으네

노랑 꽃잎이 열렬 환호하는
참자유 평화 뜻을
골고루 안겨주는 일이기를

때 늦은 매화

어린이 없는 빈 놀이터
검단 마을 돌담길

남녘엔 매화 활짝
카톡카톡 카카톡
정서진 바닷바람은
아직 시리다는데

늦은 기지개 봄 단장
급제한 남녘 도령
인구 절벽 사유
암행 순시 상경 중이다

해당화

꽃 열매 맺기까지
찜통더위
바닷가 바람처럼 즐기리라

번갈아 피어
지지 않는 꽃처럼 즐기리라

샘 솟는 우정이길 바라는
S.D 교정,

꽃 열매 피고 맺히는
추억이 되고 싶어라

노란 장미
- 인천 청라 심곡천변

시절 바람에 사부작대며
작은 봉오리가 핀다
여름맞이 햇살에 잠깐 쉬어가는 발걸음

우리 이웃 된 더 높은 꽃봉오리
두 손 모아 받들어
구김살 하나 없는 지성,

여지없이 활짝 피기를 기원하는
한낮의 더위조차
축복의 햇살 눈부신 날에

붉은 장미의 기원
- 최 서방네 결혼 6주년

새 가정은 새 나라입니다
하늘이 내린 빛의 나라
생명수 강물 붉게 타는 햇살
받아
물비늘에 빛나는 생명의 꽃

한 빛을 주옵소서!
나날이 베푸시는 은총을
감사히 감당하게 하사이다

아장아장
외손주 걸음마를 기다립니다
최 서방 내외의 기다림처럼
기쁘신 뜻 가운데
새 빛의 기쁨을 주옵소서!

붉은 장미

여름 울타리 타고

십자가 영생 보혈인 채

거듭나는 영생의 언약

가슴과 가슴이 뛰게 한다

유월의 장미

해님 눈살이 너무 뜨거워
붉은 가슴 타는 얼굴

사랑도 열정도 속이 통해야
좋은 열매 이어질 것을
너무 뜨거우면 불장난 같아서

철들지 못한 바람 스치는 날
절제의 신호 등불 볼 수 없다네

능소화

이사 온 아파트 후문
입주민 방문객 개선문인 채

오랜 그리움 계절 바람에
기다림이 꽃 피는 너는 능소화

우리 동네 대선 승전보
나팔 소리 드높다

나리꽃

일찍이 백합 같은 친구
보혈 흘리신 은총처럼

붉은 여인을 경북에서는
유리라고도 불렀지

마음이 넓고 강직하여
이웃 다치랴 스스로 삼간다

붓꽃 1
- 아이리스

독일에서 오월
여왕으로 태어났다네

아침의 나라에 뿌리내렸다네
예술의 종 울림인 채

제풀에 사라진 전설을 밟고
독수리 눈빛으로 살핀다네

바람 타고 오는 임의 몸짓
계절 너머로 다가서네

진리 이정표 저만의 향기
보랏빛 나래 펼치며

잊힌 자아상
더불어 찾는 날이다네

붓꽃 2
- 아이리스

한 자루 붓이
오천 년 뿌리에서 핀다
쏘는 햇살 벗 삼아
홀로 피는 날에는
저마다 영혼의 메아리
꽃과 향 나누려
절제 넘어선 질서의 미
기쁨으로 솟구치는
그리움 덩이
꽃과 향으로 넘실댄다

붓꽃 3
- 아이리스

진보라 꽃잎
멀고 가까이
은은한 난향 스친다

눈앞에 꽃잎도
보이질 않으면
만난 듯 숨 고르기

눈동자에 매달아
빛나는 날
네 향기에 취한다

붓꽃 4
- 아이리스

저마다 타래
말없이 얽힌 날에는
술술 풀리게
봄 여왕을 찾아오세요

나의 꽃대 잡으면
가슴에 절로 피는 꽃
행운의 향기
얽힌 타래조차
시원하게 풀어드려요

붓꽃 5
- 아이리스

오월 청라 푸른 개울가
소녀 수줍음
입 다물어도 활짝 피는
네 얼굴

눈 내린 들녘 휘돌아
붓끝 춤사위
들숨의 말 날숨의 글 쓰는
봄 익힌 춤사위
묵향인 듯 붓꽃 향이다

붓꽃 6
- 아이리스

우정이 핀다
친구가 제일 좋아
임께서 일찍이 친구로 오심에
너와 날 위해서
검은 휘장을 찢고
빛의 장막 여시다가

굽이치는 삶에
이처럼 아름다운 관계
그 무엇이랴
푸른 뜻으로 베푸는
넘치는 선물
사람과 만물의 조화
참사랑이다

수선화

삼위일체 하나님
한 자루 붓에서 피어

천상의 빛살로
솟아나는 반가움이 하나가 되나니

대속하신 독생자
천리 향으로 넘실대는 날에

산딸나무꽃
- 인천 청라지구 심곡천변

너는 유월 낮별 십자성이다
사랑과 순결 안으로 걸치고
어디서나 주어진 제 자리에

순결이 향기로 방긋 웃는다
된 더위 즐기는 눈꽃 소녀야
피는 눈동자는 별같이 살아

꿈꾸는 산과 들 녹색 하나에
구슬땀 씻는 산들바람 불어
산딸기처럼 빨간 열매 나눠요

산천 봄 마중

만년설 한 짐 기슭에 풀고
융숭하게 차린 식탁에

시루떡에 오곡밥 나물까지 오가는
짐승 그 누구나 배불리 먹고 마실 수 있게
산까치 뫼비둘기 소쩍새든지
산토끼 사슴 부엉새라도
출출할 때 언제든지 달려와

햇살과 달빛이 감싸주는
산천에 피는 봄 마중 나서자

살구

유월의 교정에는
꿈나무들 열매도 익어가네

살구댁 살고 못 살고는 팔자지만
걱정할 것 없다

철 따라 금실 좋아 농익은 살구는
팔자 해독하는 열매

내장 시력 당뇨까지도
새콤달콤 정겨운 과일이라네

상추쌈 형제 우애

잘 씻은 상추 깨끗한 손
형 한 입, 나 한 입

아구아구 처넣을 때는
품위는 따지지 말잖게

서로 폼 겁나게 잡고 눈치 보다가
모처럼 꿀맛 같은 상추 한 입

조심조심 내숭에
맛깔은 온데간데없다네

해당화 부부
- 축, 결혼 25.07.05.

7월의 찜통더위에
시절 바위틈에서 핀 만남

신부 김진영 양
신랑 나영근 군

새 가정 꿈의 보금자리
서로 어깨 두드리는 한 쌍

철길 나란히 끝없이 달리듯
오직 시절 변성 새 가정

자손만대 화목和睦으로 피어나는
사랑의 길을 가거라

수국 빈 가슴

초록 팔레트에
하늘 뜻대로
천의 얼굴 곱게 더 곱게 새기노라

붓을 천 개나 얻은 비결은
멍든 앙가슴
서럽게 비운 까닭이노라

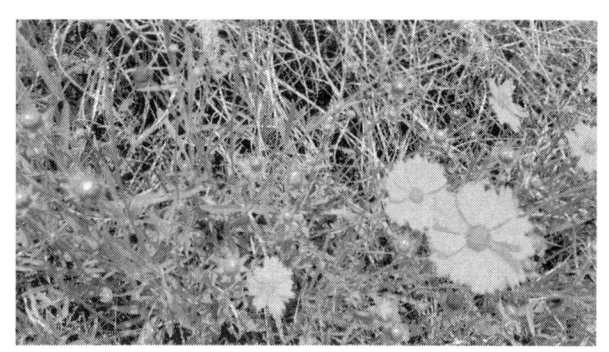

큰 금계국

메마른 풀잎 헤치고 불볕을 즐겨
심곡천 공원길은 외로울 시간도 없다

크고 작은 초목 서열대로 피고 지고
초록빛 갈대와 메마른 억새가 얘기하는

흰 두루미 물오리들 때맞춰 방문
공공 낚시터 삼아 낭만을 즐기는데

복합 산책로 인도와 자전거길 나란히
몇몇씩 대열 이뤄 속도를 높인다

야생화 천일홍

백일홍의 열 배 가치를 하려
불변하는 의지와
한눈에 알아볼 매혹 둥글게 피어
귀족 가문의 옷 입고
그대 단번에 나와 눈 맞았으니

의리 변치 않는 진실 하나로
하늘이 허락한 생수 서로 나눌 수 있도록
허접한 핑계 버리고
푸른 날갯짓하는 기러기처럼
서로의 순서 교대하며
순리로 천신화로 살아갑시다

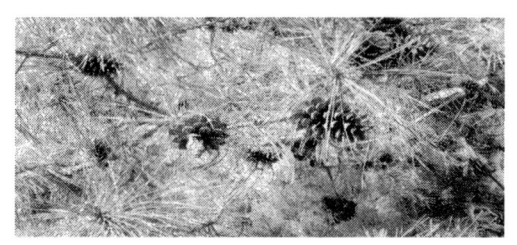

솔방울 솔바람 사명

정각을 둘러싼 소나무 가지에
방울방울 솔방울 번성하여라

나라의 기반, 인구 절벽이 웬 말
문명에 미친 시절 바람이
자손 번성의 원초적 사명을 거스르나니

누구를 탓하랴

초목이 메말라 목숨 다할 때
소천에 꽃피우고 열매가 맺히나니
하물며 만물의 영장이 본질을 거역해서야

스스로 부끄러운 존재의 삶인 것을
아, 솔바람이여 전해주어라

제 3 부

실상과 허상 사이

서구문화회관 앞에서

타향 객지
뜨거운 그리움이야

환승역같이
하룻길 오가는 사월
과제물 씨름 진종일 잠시 벗어나

한길 건너 몇 개 불빛이 하늘땅 잇는다
임의 거울처럼

서울메트로

편한 신발이 좋아
전동차 신발은 커서 좋다
삶의 무게 실어 나르는

어두운 짐일랑 하나씩
스치는 바람에 날려버리자
가벼운 여행을 위하여

철길 현악기 타는 리듬에
자유의 날개 드높이
저마다 유쾌한 하룻길이다

사닥다리

도시 더 높이
여기저기 일손 기다려
덜 자란 키
원대로 높이는 삶이다

감사를 몰라
함부로 높은 자리 넘보다가
제풀에 넘어져
낭패를 본 사람 어디
한둘이던가

높이 받들어 섬기는 삶에
검은 갑질은 싫어할 수밖에
자유 평등이란
나란히 달려야 평화롭다

미로 찾기

약속의 끈 묶음이 느슨하여
가까운 길 멀리 둘러 가기도 한다

어둑한 미로의 무게를 나르는
전동차는 섬김 하나로 신바람이다

석곡

월출산국립공원 담당자는 이기적인 매력 상징
안방에서 그녀를 볼 수 있다

옛날 원양어선 귀향길 코끝 스치는 풍란 향기가
육지에 닿을 소망을 당겨준다

남해안 일대 숨은 가인들 춘향이 연상케 하는
살자쿵 남획한 낯 뜨거운 흐름에 …

이기주의 광풍 일던 시절
개체수 현저히 감소한 까닭에 2012년 기점으로

멸종위기 야생식물 2급
80여 개체수 희망으로 핀다

소나기

빗발치는
    화살이 없는

평안한 세상
    그리려 터치하려

망울마다
    웃음꽃 터트린다

송도 비둘기

학생이 좋아
학교가 좋아
숲의 향연 매미 연주회

도시 숲엔 방학이 없어
학교 숲 퍼덕이다가
가로등 위에서

평화 협상 열고
오늘 가로등은 어떻게 켤까나?
구구구 ……

주제 토론,
해지는 줄 모르고
심오한 협상 이어간다네

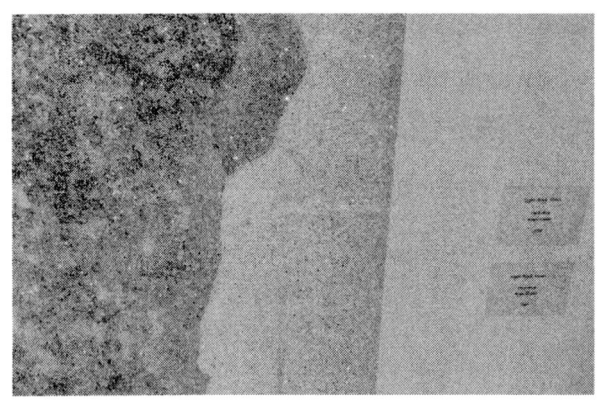

실상과 허상 사이

너와 내가 존재한다

바위가 도화지에 기대인 채

반짝이는 보석 차림

호화로운 옷이 실상이란다

아들과 아비의 이별

영정 화석이 웃음 짓는다
국화 향기에 싸여 떠나는 네 모습

정신질환 정동장애 편집성 조현병
안전의 몸부림 얼마이던가
마흔여섯 일기로 말 없는 고별의 의식

답답한 파도처럼 일렁이다가
폭포에서 추락하듯 열흘간 굳어져
급기야 심정지로 멀어져 가는구나

아비 앞서 못다 푼 타래를 안고
별나라로 떠나는 성급한 발걸음
차갑게 잡은 손 놓아야 하나니

새로운 별에서 만나는 언약 다지며
아비 닮은 미소를 남기고 떠나는가

아버지

나의 아버지
우리 아버지

아버지의 아버지 따라
자녀들 시절 지키는
지팡이가 된다네

해돋이 해넘이
눈동자인 채

어느 명인의 민낯

단톡에 어색한 아호 광풍이
화자의 가슴을 철썩이게 한다
시성, 도산처럼

인도의 시성 타고르처럼
온 세상 알려진 문호文豪를
스스로 맘대로 높이는 필적

어디로 빗나간 지성이리라
도산은 독립운동가 안창호의 호
청자의 귀를 어지럽히는가?

자신의 화장품인 양
이기심의 발톱 내미는 처사인 줄 모르는
어처구니 민낯이리라

어성초

얼핏 고구마 줄기처럼
단합하여 잘 자랐구나

작고 여린 하얀 십자성 반짝
낮별로 반짝이며
자신의 눈 밝혀 보존하여라

엄마 손, 정향

몰루카섬 서인도와
잔지바, 마다가스카르에서 왔다지?

키가 15m이고
밝고 붉은 꽃 핀다지?

활짝 피면 그 향기 사라지는 까닭에
꽃봉오리 1센티 정도에 따서 말린 제품이
자극적인 맛이 상쾌 달콤하다지?

고기 삶을 때
잡내 없애는 향신료
정향 응용으로 엄마 손맛 돋운다지 아마

여명黎明

다섯 시 검단지구
검정 휘장이 짙게 드리운
아직 아무도 잠에서 깬 자가 없어요

동녘에 드높은 구름
저마다 선택할 하룻길
부챗살처럼 펼치고 있어요

회오리 뒤에는
평화로운 날 오리니
아무것도 염려치 말아요

새날은 찬란한 날에 충성하려고
동녘의 큰 북소리, 붉은 함성
검은 휘장을 거두고 있어요

연어

절대 긍정 하나로 살아
때가 되어 모천 본향으로 돌아오는

뼈와 피에 각인되고
배워 익힌 처절한 몸짓들

거침없이 오르는
저 천해天海 용병들이여

오로라
- aurora

날줄과
    씨줄의 본향

시작과
    끝 하나로

영원한 자유
    굴레 따라서

꿈꾸는
    영혼의 길잡이

오월의 억새풀

억세풀 넘어가는 바람은 차다.
오늘이 입하라고 선포
천지가 봄빛 푸르른 제복이다네

임 마중 나설 날에
어쩌다가 연갈색 제복 옷이며
머리털까지 윤색하였다네

무얼 바라 기다리는 환영 인파
여왕을 못 본 채, 하면
심곡천은 임의 눈물로 잘람잘람 거리네

호명호수

천지를 닮은
　　자유의 날갯짓

하늘 땅 이어주는
　　빛 된 삶의 물길

수증기 방울마다
　　전깃불 밝히려무나

준비된 묵언의 물길
　　참 빛을 전하려무나

유월에 쏘는 햇살

아름드리 느티나무 마주하는
해와 달 가지에 걸고

오랜 기다림이
너와 날 반기고 있다

물까치 그네 타듯 자유로이 반기는
숲속에 햇살이 쏟아 내린다

일월정 이야기

석양이 황홀한 일월정에서
잠시 쉬며 이마를 식혀요

해와 달 속삭이는 얘기 소리
귀 있는 사람들이여
욕망을 열고 비우랍니다

자귀나무

성인의 자태로
   유감없이 피어

올올이 촘촘이
   하얀 다짐을 보인다

파르르 떠는 자귀나무
   연장 자루 열정 하나로

버들피리

버들피리 소리에
달려오는 고향 동무들

바위엔 이끼만 끼고
스치는 봄바람
고향 소식 뒤척인다

정서진 길섶
책갈피 넘기는 피리 소리

삐 삐 삐~릴이
흩날리는 날에

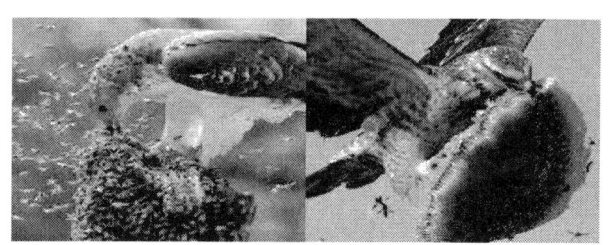

벌매의 사명

땅벌 천적으로 부름을 받아 나선 몸이다
부리는 낚시 모양
깃털은 비늘 모양 갑옷으로
촘촘히 독침 방탄복

우는 사자같이 호시탐탐 목숨을 노려도
우리의 먹잇감이다
겨울나기 어려워 남서해안 휘돌아
다시 남녘으로 봄 해돋이 나라 찾아서

울창한 숲속이든
산야초 땅굴까지도 미끼 나르는
너의 꽁무니 쫓아서
맹독으로 방어해도
여지없이 초토화시킨다

제 3 부

태양의 바람개비

월드컵 축구

지구촌 눈동자
　오직 볼 하나

꿀맛 저항의 그물 흔들어
　저마다 온 정성, 슛 골인이다

자신을 이기는
　빛 된 행진이다

속 깊은 승리
　넉넉한 잔칫날이다

월미체전
- 제40회

가로수 짙어가는 오월의 발걸음이다

방통대 인천 지역 연중행사
햇살에 뭉게구름 드높이 두둥실
그늘 내리는 북소리 행진이다

아시아드경기장 여유론 잔디 구장
이 학년 동아리 '연필깍지' 회원
연필 동우, 한 타스 참석, 남자 넷까지

지성 익히는 한길
방송통신대학교 새싹이라네

유리문

우리 누구나 구김살 없이
세상에서 가장 깨끗한
몸으로 태어나
전철역 단골 눈도장 찍는 안전문이다

맑은 얼굴끼리
온통 안전 주의보 붙이고
서로 투명한 속사정

자신을 찾아가는
발걸음이요 첩경疊鏡이라네

우편물 주인

학교 여름방학
현관 안쪽에 우편물

도착 며칠째
임자 올 때까지 기다려

너무 쓸쓸하게 보지 말아요
누구나 제 주인이면

보는 즉시 안기는 반가움에
마냥 기쁨입니다

심야 장맛비 소리

때 이른 열대야 남부에서
중부로 진군하는 장맛비 타령

기다림 찾는 발걸음인 채
너처럼 다가서는 설레는 운율

장맛비 개울 길

장맛비 그칠 즈음 바지를 걷어
너를 업고 건넌 실개천 길

우리 그제 어제
추억의 책갈피 넘겨 보았니

이따금 열린 추억 창에 네 모습
얼마나 가까운 줄 너는 아느냐?

장맛비 땅 꺼짐

흙이 파도친다
할 말을 잃고 길어진 장맛비 어쩌랴

신입생 여덟 번 넘긴 폭풍우 이겨낸 지평선
능선처럼 일렁이나니

학교 신축 준공검사 통과
긴 장맛비에 재검사를
보나 마나 불합격 선상이리라

파도 타는 흙 가라사대
적당히 넘어간 사연 알아차려
당시 말할 사연은

그때 건조한 땅이었다네
아무도 볼 수도 들을 수도 없는
두더지 이야기

지극히 작은 일
그들의 꺼지는 민낯을 본다

전자레인지

분초를 다투는 시각에
날로 가속화 시절

과녁 없는 화살같이
브레이크 고장 난 아이야
시간의 끝을 당기려나

과열이 충돌하는 교차로에서
신호등 바라보고
굴렁쇠 가벼이 돌리자

뒤 쳐질까 염려치 말고
제 거울 닦을 여유를 갖고
과열된 욕구를 버리라

죽녹원 예찬

선조들 뿌리
섬김과 나라 지킴이
위정자들 종아리 후려칠
회초리 무더기로 짓고
팔각 정자도 지었구나

하늘땅 오르내림 빈 두레박
하나로 솟구쳐
서로 비움과 채움에
일생을 건 삶이로구나

댓잎의 속삭임이
사각사각 기쁨이 일어
해묵은 달빛 쏘나타
축제로 이어지는구나

흑임자죽

세상에 맛없는 죽이 뭘까?
비아냥대며 약 올리는 깐죽이

그러면 가장 맛있는 죽은?

겉이야 거무튀튀해도
속이 꽉 찬 든든한 친구 같은
검은 참깨죽

죽여주는 깨소금 맛
검은 맛을 깐죽인다

선지해장국

숨겨진 맛깔 선짓국 한 그릇
봄소식 푸른 신호등
뜨거운 국물은 입천장 주의하라며
톡 쏘는 짓궂은 친구다네

헤모글로빈 성분이 듬뿍
빨간 색소 헤모, 단백질 글로빈
하나로 결합한 혈색소 문중

생명을 보살피는 심혈관 손길
숨은 효심의 바람이 스친다네

찢긴 솔가지

환승 버스정류장 가로수
가정 루원시티 역
찢긴 솔가지 아픔이다

금보라 솔잎
두셋 줌 손짓에 다가서
위로의 눈빛 마주한다

가지 하나 찢어진 통곡
땅을 치고 싶어도
스치는 바람 자락에
말없이 하소연하는가

철동轍童 오는 길

철없이 뛰놀던 아이가
철그렁 철그렁
철 그 렁 쓱 스~럭

공항 선 전동차가 멎는다
굴렁쇠 인연법 따라
생애를 건 1,420mm 언약

자유와 평행선
하나의 힘 무게 따질 겨를이 없다

엉키고 굳어진 삶
가벼울 날까지
부딪치는 현악 연주회장

배워 철든 건 오직 한 가지
널 향한 섬김이다네
신바람 나는 하룻길 가는
백년가약 부부 같은 철길에서

상어

드러난 최고 포식자 삶

존재는 그 누구나 우주의 주인

부딪히는 싸움은 다만
자존이 충돌하는 헤게모니라네

사람도 끝 모를
최상위 포식자라네

청라 국제도시의 밤비

고양이 걸어오듯 조용한
태초의 정령들이 내려앉는다

남몰래 일으키는 빌딩 숲
침묵하는 도시의 밤
바람 같은 수증기 자락이 스친다

암행어사 옷깃에 가려진 마패
청라 신도시는 대나무밭
어버이 순결 대를 잇게 하신다

우후죽순은 하룻밤에 으쓱으쓱 자라
조심스레 키재기 기질 좀 보소
한밤 안개비는 꿈의 단비인가

얼룩진 어제 이야기 다 지운다
대나무 돌보시느라 잠도 없이

축제할 날에

하늘의 선물
    담을 수 있는

드높은 바람 가득
    빈 그릇들 두둥실

채색옷 걸쳐 입고
    창공으로 날아오른다

춤추는 소나무

백두에서 한라
사철 푸른 당부 더럽히지 말고

이 땅 지켜다오 너와 나 여기
지구촌 어머니 말씀

인천대공원 정문에서 만남
늘 푸른 가슴 열어

나달 더덩실 두둥실
춤사위 펼치리라

태양의 바람개비

태양 빛 두 팔 뻗어
비상 프로펠러 돌아가는 듯

만물이 순리대로 돌기를 바라
홀로 지구촌 지키는 눈빛이라

팥죽 한 그릇

주린 배에 걸쳐진
하늘 장자권長子權

팥죽 한 그릇의 대가
겸손히 사드리는
은총의 비결이 있다네

오른손 하는 일
왼손 모르게 이루는 뜻
성경에서 보이신다

조용한 아침 나라에는
지구촌 하룻길 열어
참사랑 열매 거둘 때이다

팥죽 한 그릇에
야곱의 깃발이 펄럭인다

학교 인테리어 공사

토요 한낮에 탕 타당 울림이
벽 허무는 해머 드릴 소리

방학 중 공사라서인지 이웃 주민들
소음 공해 아직은 시비가 없다

가르침 정원에
말 없는 갈채 보내듯

해넘이 인사

인천 2호선 검바위역 지나며
도심 향한 경사길 전동차 차창

방금 전송한 친구 같은
해넘이 얼굴 내게 묻는다

빛 된 하루였나요? 라고

해넘이 카펫

인천 청라지구 심곡천
바닷바람 맞이하는 갈색 빌딩

물비늘에 건설한 고층 아파트
준공식 축제가 한창
샛바람 숨죽인 발걸음
빌딩마다 곱게 빗어내린다

삭풍 심술을 밀쳐내고
도시의 가정불화 같은
흠과 티, 일일이 걷어내고
카펫을 깔아 놓았어요, 글쎄

자전거길 보행길
나란히 달리는 개울 길
빌딩에 새겨지는 문양 같은
열댓 마리 오리 좀 봐요, 글쎄

윤슬의 퍼즐 맞추는
풍경화 한 폭
이웃 화가의 손놀림이네, 글쎄

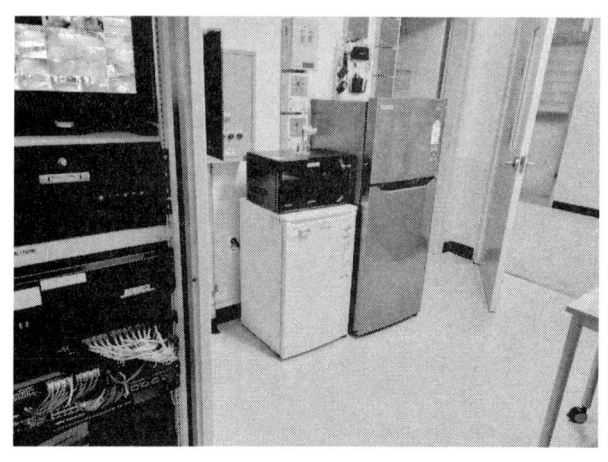

당직실 노크

각종 전기 장치 흐르는 소리

열린 창 귓전을 노크하는
저만치 산까치 까까까

고향의 해와 달과 별들의 얼굴
추억 한쪽을 열어젖힌다

한마음 체육대회

대동 수문 있는 곳
대동중학교
선후배 동문 발걸음이

선후배 한자리 더 센 바람결
시절 달리는 축제 한마당

익어가는 미소들이 함박
저마다 열린 봄봄
가슴엔 평화 활짝 핀 날이다

샘문시선 1069

한국문학상 수상 기념 시집

담쟁이 문장文章

박주곤 제3시집
발행일 _ 2025년 9월 30일
발행인 _ 이정록
발행처 _ 도서출판샘문
저 자 _ 박주곤
감 수 _ 이정록
기 획 _ 박훈식
편집디자인 _ 신순옥, 한가을
인 쇄 _ 도서출판샘문
주 소 _ 서울특별시 중랑구 동일로 101길 56, 3층(면목동, 삼포빌딩)
전화번호 _ 02-491-0060 / 02-491-0096
팩스번호 _ 02-491-0040
이메일 _ rok9539@daum.net / saemteonews@naver.com
홈페이지 _ www.saemmoon.co.kr (사단법인 문학그룹샘문)
　　　　　www.saemmoonnews.co.kr (샘문뉴스)
출판사등록 _ 제2019-26호
사업자등록증 등록 _ 113-82-76122(사단법인 도서출판샘문)
　　　　　　　　　 677-82-00408(사단법인 문학그룹샘문)
　　　　　　　　　 104-82-66182(사단법인 샘문학)
　　　　　　　　　 501-82-70801(사단법인 샘문뉴스)
　　　　　　　　　 116-81-94326(주식회사 한국문학)
샘문사이버교육원 (온라인 원격)-교육부인가 공식교육기관 _ 제320193122호
샘문평생교육원 (오프라인)-교육부인가 공식교육기관 _ 제320203133호
샘문뉴스 등록번호 _ 서울, 아52256
ISBN _ 979-11-94817-30-7

본 시집의 구성은 작가의 의도에 따랐습니다.
이 책의 저작권은 저자와 도서출판 샘문에 있습니다.
무단 전재 및 표절, 복제를 금합니다.

파손된 책은 구입처에서 교환해 드립니다.
본지는 한국간행물 윤리위원회 윤리강령 및 실천요강을 준수합니다.

문집 출간 안내

도서출판 샘문 에서는

베스트셀러 명품브랜드 〈샘문시선〉에서는 각종 시집, 시조집, 수필집, 동시집, 동화집, 소설집, 평론집, 칼럼집, 꽁트집, 수상록, 시화집, 도록, 이론서, 자서전 등 문집을 만들어 드립니다.

도서출판 샘문에서는 저자님의 소중한 작품집이 많은 독자님들에게 노출되고 검색되고 구매하여 읽히고 감상할 수 있도록 그 전 과정을 기획, 교정, 교열, 퇴고, 윤문(첨삭,감수), 디자인, 편집, 인쇄, 제본, 서점 등록(납품,유통), 언론홍보, SNS홍보 등, 출판부터 발매 까지의 전략을 함께해 드립니다.

📖 출판정보

샘문시선은 도서출판비를 30% 인하 하였습니다. 국제원자재값 폭등으로 인하여 문집 원자재인 종이값 등이 3번에 걸쳐 43% 상승하였으나 이를 반영하지 않았습니다.

📣 저자가 필요한 수량만큼 드리고 나머지는 서점 유통

📣 시집 표지는 최고급으로 제작함 - 500부 이상

📣 제목은 저자 요청시 금박, 은박, 에폭시로도 제작함

📣 면지는 앞뒤 4장, 또는 칼라 첨지로 구성해드림

📣 본문은 100g 미색 최고급지 사용함(눈 보안용지, 탈색방지)

📣 본문 200페이지 이상은 80g 사용

📣 저서봉투 - 고급봉투 인쇄 무료 제공

📣 출간된 책 광고(본 협회 =〉 홈페이지, 샘문뉴스, 내외뉴스, 페이스북 13개그룹(독자&회원 10만명), 카페 3개, 블로그 2개, 카톡단톡방 12개, 유튜브, 카카오스토리, 인스타그램, 문예지 4개, 문학신문 등)

📣 견적 ▷ 인세 계약서 작성 ▷ 기획 ▷ 감수 ▷ 편집 ▷ 재감수 ▷ 재편집 ▷ 인쇄 ▷ 제본 ▷ 택배 ▷ 서점 13개업체 납품 ▷ 저자에게 납품 ▷ 유통 ▷ 홍보 ▷ 판매 ▷ 인세지급

📣 출판기념회는 저자 요청시 본사 문화센터(대강의실) 무료 대여 가능(70명 수용가능) 현수막, 배너, 무대 조명, 마이크, 음향, 디지털 빔, 노트북, 줌시스템, 모니터, 컴퓨터, 석수, 커피, 차, 무료 제공

📣 저자 요청시 저자의 작품 전국대회에서 수상한 시낭송가가 낭송하여 유튜브 동영상 제작 =〉 출판기념식 및 시담 라이브 방송

📣 저자 요청시 네이버 생방송 출판기념회 가능(유튜브 연동) - 네이버 라이브 커머스쇼

📣 뒷 표지에 QR코드 삽입가능 - 저자의 작품 시낭송 유튜브 동영상 등(요청시)

📣 교정, 교열, 감수, 윤필(첨삭감수), 평설, 서문 등(유명한 시인, 수필가, 소설가, 문학평론가, 항시 대기)

문집 출간 안내

📖 빅뉴스

이정록 시인의 〈산책로에서 만난 사랑〉이 네이버 선정 베스트셀러로 선정 된 이후 〈내가 꽃을 사랑하는 이유〉, 〈양눈박이 울프〉, 〈꽃이 바람에게〉, 〈바람의 애인, 꽃〉시집이 연속 교보문고 베스트셀러에 선정 되고 5권 전부 출간 순서대로 골든존에 등극하였다. 평생 한 번도 어렵다는 자리를 이정록 시인은 5년 동안 5번에 오르고 현재도 이번 2022년 5월경에 출간된 [바람의 애인, 꽃] 영문판과 [담양장날]이 출간을 기다리고 있다

〈서창원 시인, 2회〉, 〈강성화 시인〉, 〈박동희 시인〉, 〈김영운 시인〉, 〈남미숙 시인〉, 〈최성학 시인〉, 〈이수달 시인〉, 〈김춘자 시인〉, 〈이종식 시인〉 외 한용운문학상 수상 시인인 〈서창원 수필가〉, 〈정세일 시인〉, 〈김현미 시인〉가 올랐고, 2022년 올 봄에는 〈정완식 소설가〉『바람의 제국』이 소설집으로는 최초로 『네이버 선정 베스트셀러』 반열에 올랐고, 〈이동춘 시인〉에 『춘녀의 마법』 시집이 『네이버 선정 베스트셀러』 반열에 올랐다. 그리고 컨버전스공동시선집과 한용운공동 시선집도 간간히 베스트셀러를 하고 있는 〈베스트셀러 명품브랜드〉 『샘문시선』 이다.

〈샘문시선〉은 〈베스트셀러_명품브랜드〉로서 고객님들의 〈평생가치를 지향〉하는 〈프리미엄 브랜드〉입니다. 고객이신 문인 및 독자 여러분, 단체, 기관, 학교, 기업, 기타 고객분들을 〈평생고객〉으로 모시겠습니다. 많은 사랑 부탁드립니다

📖 샘문특전

- 📢 교보문고, 영풍문고, 인터파크, 알라딘, 예스24시, 11번가, Gs Shop, 쿠팡, 위메프, G마켓, 옥션, 하프클럽, 샘문쇼핑몰, 네이버 책, 네이버쇼핑몰, 네이버 샘문스토어 등 주요 오프라인 서점, 온라인 서점, 오픈마켓 서점에서 공급 및 유통하고 있습니다.

- 📢 기획, 교정, 편집, 디자인에 최고의 시인 및 작가, 편집가, 디자이너, 평론가, 리라이팅(첨삭 감수) 및 감수 전문가들이 참여하여 감성, 심상이 살아 있는 시집, 수필집, 소설집, 등 각종 도서를 만들어 드립니다.

- 📢 인쇄, 제본, 용지를 품질 좋은 우수한 것만 사용합니다.

- 📢 당 출판사 〈한용운공동시선집〉, 〈컨버전스공동시선집〉과 〈한국문학공동시선집〉, 〈샘문시선집〉을 자사 신문인 〈샘문뉴스〉와 제휴 신문인〈내외신문〉, 글로벌뉴스와 홈페이지(2군데), 샘문쇼핑몰, 네이버 샘문스토어, 페이스북, 밴드, 카페, 블로그를 합쳐서 10만명의 회원들이 활동하는 SNS 20개 그룹 공개 지면 및 공개 공간을 통해 홍보해 드립니다.

- 📢 당 출판사를 통해 국립중앙도서관 및 국회도서관 및 전국 도서관에 납본하여 영구적으로 보존해 드립니다.

- 📢 당 문학그룹 연회비 납부 회원은 30만원 상당에 〈표지용 작품〉을 제공 받습니다.